PRE·TEXTOS ⊚ kutchak

Arnold I. Davidson é Robert O. Anderson Distinguished Service Professor na Universidade de Chicago e membro honorário do Corpo Acadêmico da Universidade Ca' Foscari Venezia. É também curador dos textos de Michel Foucault e Pierre Hadot em francês e inglês.

Emmanuel Levinas (Kaunas, 12 de janeiro de 1905 - Paris, 25 de dezembro de 1995) é considerado um dos maiores filósofos do século xx. Levinas é o filósofo do primado da ética.

Robert Musil nasceu em 1880, em Klagenfurt. Em 1931, transfere-se para Berlim, mas em 1933, com o advento do nazismo, retorna a Viena. Em 1938, após a anexação da Áustria, emigra para a Suíça. Musil morre em Genebra em 1942. Em 1943 é publicada a última parte da sua obra-prima *O homem sem qualidades*.

ARNOLD I. DAVIDSON
EMMANUEL LEVINAS
ROBERT MUSIL

Reflexões sobre o Nacional-socialismo

TRADUÇÃO

Priscila Catão
[*1933-1934: Reflexões sobre o nacional-socialismo*]

Denise Bottmann
[*Algumas reflexões sobre a filosofia do hitlerismo*]

Flávio Quintale
[*Ruminações de um lerdo*]

PREPARAÇÃO | REVISÃO

Maria Fernanda Alvares

Sumário

[Arnold I. Davidson]
11 | **1933-1934: REFLEXÕES SOBRE O NACIONAL-SOCIALISMO**

[Emmanuel Levinas]
45 | **ALGUMAS REFLEXÕES SOBRE A FILOSOFIA DO HITLERISMO**
    47 | Nota introdutória
    50 | Algumas reflexões sobre a filosofia do hitlerismo

[Robert Musil]
71 | **RUMINAÇÕES DE UM LERDO**

Arnold I. Davidson

**1933-1934: REFLEXÕES SOBRE
O NACIONAL-SOCIALISMO**

1933-1934:
Reflexões sobre o nacional-socialismo

> "Repito: o verdadeiro crime, o crime geral e coletivo
> de quase todos os alemães daquela época,
> foi não terem tido coragem de falar."
> Primo Levi, *Os afogados e os sobreviventes*

Ao longo dos últimos anos, testemunhamos a reabertura de questões relacionadas ao nacional-socialismo cujo alcance e consequências ainda não foram determinados. O *Historikerstreit* incitou uma nova discussão do problema da especificidade ou da singularidade de Auschwitz. Além de motivar questões metodológicas gerais sobre a natureza da explicação e da compreensão históricas, o *Historikerstreit* tratou de questões específicas relacionadas ao papel dos conceitos morais e da memória na avaliação do nacional-socialismo.[1] Revelações sobre os escritos de Paul de Man durante o período de guerra e uma análise suplementar a respeito do envolvimento de Martin Heidegger com o nacional-socialismo deram origem a uma consideração mais ampla das relações entre filosofia, teoria e política, forçando-nos a repensar o problema da responsabilidade intelectual com um senso de urgência renovado.[2] Esses tópicos e outros relacionados a eles foram o centro de uma importante conferência internacional, "Nazism and the Final Solution" [Nazismo e a solução final], organizada em abril passado por Saul Friedlän-

---

1 | Para documentos do Historikerstreit e discussão a seu respeito, vera edição especial de *New German Critique 44*, primavera-verão 1988.

2 | Sobre Paul de Man, ver *Critical Inquiry* 14, primavera 1988, pp. 590-652, e *Critical Inquiry* 15, verão 1989, pp. 704-44, 764-873. Sobre Martin Heidegger, ver *Critical Inquiry* 15, inverno 1989, pp. 407-88.

der, que escolheu como tema os limites da representação ética, estética e histórica da Solução Final.[3]

À luz dessas discussões em andamento, publicamos dois importantes ensaios escritos durante os primeiros anos do nacional-socialismo. Ao desafio frequentemente proposto – como pode se esperar que uma pessoa reaja lucidamente ao nazismo no início da década de 1930? –, os ensaios de Robert Musil e de Emmanuel Levinas constituem, por sua percepção aguçada, respostas definitivas. Apesar das abordagens bastante diferentes, os ensaios não apenas mostram que era possível reconhecer a realidade do nacional-socialismo à medida que ele chegava ao poder, mas também indicam que análises de valor permanente poderiam ser formuladas desde o início. Musil e Levinas nos lembram concretamente das capacidades da mente humana e de suas responsabilidades – capacidades e responsabilidades que nem mesmo as circunstâncias políticas mais severas precisam oprimir.

---

3 | As atas dessa conferência serão publicadas em breve.

Musil pretendia publicar seu ensaio, escrito em 1933, em *Die neue Rundschau*, uma das principais revistas intelectuais alemãs, que ele já havia editado. Apesar de permanecerem incertos os detalhes a respeito da não publicação do texto, o fato representa a tentativa de Musil de articular intelectualmente o que já acontecera, fazendo outros a seu redor despertarem para o que não tinham conseguido reconhecer. O texto completo de "Ruminações de um lerdo" é composto de rascunhos pesadamente corrigidos do ensaio. Musil formula a mesma questão várias vezes, com sutis diferenças de entonação, e algumas de suas observações são desconexas, até pouco desenvolvidas, mas mesmo assim sugestivas. Todo o ensaio transmite a percepção de alguém que une reações à situação imediata com reflexões gerais sobre o intelecto e a política. Quando editei o ensaio de Musil, busquei não eliminar suas repetições e hesitações, mas preservar a continuidade de sua principal linha de raciocínio, permitindo que o texto tivesse mais foco do que o que naturalmente se espera de uma série de rascunhos.

"Reflections on the Philosophy of Hitlerism" [Algumas reflexões sobre a filosofia do hitlerismo], de Levinas, publicado na revista *Esprit*, em 1934, foi uma das primeiras tentativas de compreender a experiência, a intuição e a atitude por trás do que Levinas chama de "hitlerismo". Levinas insiste em entender o hitlerismo não apenas como uma aberração insana, mas como detentor de uma filosofia que, portanto, requer uma análise filosófica. Embora ainda não tivesse trinta anos, Levinas já havia introduzido Husserl, Heidegger e a fenomenologia no pensamento francês. A importância desse ensaio de 1934 é no mínimo tripla: primeiro, é uma análise notável do hitlerismo; em segundo lugar, Levinas formula muitos temas que serão recorrentes na filosofia francesa posterior; finalmente, o ensaio é importante pelo que nos revela sobre o desenvolvimento do pensamento do próprio Levinas.

Quando conversei com Levinas a respeito de nosso desejo de publicar uma tradução em inglês desse ensaio, ele comentou sobre a possibilidade de inseri-lo num contexto. Sua breve e reveladora nota introdutória nos ajuda a situar o ensaio no caminho que leva ao tema da responsabilidade pelo outro, com o que seu trabalho se identifica atualmente. Ao revisar a tradução de Seán Hand desse ensaio, tentei seguir seu exemplo e manter a sutileza e o rigor de sua argumentação filosófica sem sacrificar a legibilidade.

As reflexões de Robert Musil em "Ruminações de um lerdo" são permeadas pela seguinte questão: "Existe algo como um espírito ou um intelecto que seja relativamente independente da política e também de suas formações grupais (culturais-pol[íticas])?".[4] A pergunta de Musil, ainda no centro de muitos debates atuais, surge não por um mero interesse filosófico global, mas por sua percepção muito particular de que o nacional-socialismo "demanda, acima de tudo, que o intelecto

---

4 | Robert Musil, "Ruminations of a Slow-witted Mind", trad. Burton Pike e David S. Luft. *Critical Inquiry*, outono 1990, v. 17, n. 1, p. 61.

assimile completamente o Movimento e se subordine a ele",[5] abolindo, portanto, até a relativa independência do intelecto em relação à política. Musil percebe, já em 1933, que a direção dessa revolução não é guiada pelo desejo de convencer o intelecto a participar do Movimento, de oferecer a ele um papel na tomada de decisões; na verdade, o Movimento suspeita do intelecto a ponto de estar disposto a proclamar: "E, se você não for meu irmão, quebrarei seu crânio!"[6].

Além disso, Musil enfatiza que, diferentemente da Revolução Francesa ou da revolução marxista, a revolução alemã não foi precedida de escritores famosos e de uma literatura que demandava respeito. É impossível compreender a energia da revolução nacional-socialista "procurando suas fontes na vida intelectual alemã".[7] Apesar de alegar ter produzido uma nova mente, essa revolução não é uma revolução do inte-

---

5 | Id., ibid., p. 46.
6 | Id., ibid., p. 56.
7 | Id., ibid., p. 52.

lecto; pelo contrário, ela manifesta a "luta da mente contra a irracionalidade".[8] É um exemplo do intelecto sendo obrigado a renunciar a si próprio. Musil resume sua postura em relação a essa suposta "renovação da mente alemã" com a seguinte observação: "Política prescrevendo a lei para o intelecto: isso é novidade".[9] Consequentemente, ele conclui que "o destino alemão depende da [...] proporção correta [entre] intelecto [e] pol[ítica]".[10]

À pergunta "Afinal, o que é 'intelecto'?", Musil não proporciona nenhuma resposta teórica simples nem um sistema filosófico, nenhum critério facilmente aplicável ou conjunto de marcas pelo qual se testaria a presença do intelecto. De fato, ele enfatiza que o "intelecto simplesmente não tem carteira de identidade".[11] A alegação de que o intelecto não possui carteira de

---

8 | Id., ibid., p. 47.
9 | Id., ibid., p. 57.
10 | Id., ibid., p. 52.
11 | Id., ibid., p. 55.

identidade, como se alguém esperasse a existência de um conjunto enumerável de características que seria usado como referência para garantir insight e integridade intelectuais, repete-se com a percepção de Musil a respeito da corrupção fundamental do intelecto, que abdica de sua identidade pela lei do Movimento. Seu ensaio não só torna vívidas as ameaças ao intelecto, contra as quais não podemos nos proteger de antemão, mas também exige que questionemos o nível de compatibilidade da adaptabilidade e da assimilação intelectuais com a identidade intelectual.

Estudos recentes de Hans Sluga sobre a filosofia profissional alemã durante o período nacional-socialista, a respeito do Deutsche Philosophische Gesellschaft e de suas publicações, demonstram que diversas posições filosóficas incompatíveis desejavam alcançar o status de *a* filosofia do nacional-socialismo.[12] Tanto um

---

12 | Ver Hans Sluga, "Metadiscourse: German Philosophy and National Socialism", *Social Research* 56, inverno 1989, pp. 795-818, e "Heidegger: Suite sans fin", trad. Myriam Sarfati. *Le Messanger Européen* 3, 1989, pp. 167-218.

comprometimento com valores objetivos quanto uma rejeição a valores objetivos foram apresentados como base do sistema nazista, indicando, por conseguinte, como argumenta Sluga, que não havia necessariamente nenhuma ligação entre uma filosofia em particular e a política nazista. Em vez de justificar uma filosofia específica, as investigações de Sluga mostram o quanto a instituição da filosofia alemã sucumbiu às tentações do nacional-socialismo.[13] Mas, se a instituição da filosofia alemã escolheu esse destino, pagando talvez com sua identidade como intelecto ou como pensamento, como saberemos quando o pensamento desistiu e quando ele se manteve? Apesar de ofuscado por essa questão, Musil deseja mesmo assim impedir que cheguemos à conclusão de que o intelecto não tem identidade, apesar de sua falta de carteira de identidade. As forças gerais contra as quais ele luta são detalhadas, ao que me parece, nestas palavras de Stanley Cavell, escritas em circunstâncias radicalmente diferentes.

13 | H. Sluga, "Heidegger: Suite sans fin", op. cit., pp. 217-18.

> É como se nós e o mundo tivéssemos o interesse comum de nos manter estúpidos, ou seja, burros, incoerentes. É algo que constitui [...] a dificuldade específica da filosofia e requer sua força peculiar, de receber inspiração para o pensamento das próprias condições que se contrapõem ao pensamento, como se o desejo de pensar fosse tão indispensável quanto o desejo de saúde e de liberdade.[14]

É esse desejo de pensar, sob exatamente as próprias condições que se contrapõem ao pensamento, que a invocação do intelecto de Musil almeja reavivar.

A "moralidade do humano", os valores da democracia, da liberdade, do internacionalismo, da objetividade, da imparcialidade e da autonomia formam a parte central do comprometimento de Musil com o intelecto, cujos limites devem conter sua identidade.[15] De

---

14 | Stanley Cavell, *Pursuits of Happiness: The Hollywood Comedy of Remarriage*. Cambridge, Mass.: Harvard University Press, 1981, p. 42.

15 | R. Musil, "Ruminations of a Slow-witted Mind", op. cit., pp.

acordo com Musil, é precisamente essa moralidade que tinha sido jogada de lado em favor da "transvaloração de *todos* os valores" do nazismo, uma transvaloração que ele descreve como uma perigosa "falsa interpretação mitológica dos eventos atuais".[16] Essa moralidade da consciência humana, incorporando uma atitude inconfundivelmente semelhante à de Musil, também é descrita e defendida em um ensaio pouco conhecido de Jean Améry, apresentado no ano anterior a seu suicídio, na ocasião de seu recebimento do Hamburg Lessing Prize. Améry, vítima de tortura da Gestapo e prisioneiro de Auschwitz, cujos escritos assombram *Os afogados e os sobreviventes*, de Primo Levi, escreve a respeito de seu comprometimento com valores do iluminismo com base em suas lembranças de Auschwitz. Ele não apresenta nenhum argumento teórico detalhado nem um aparato filosófico para justificar suas alega-

47, 54 e 58.
16 | Id., ibid., p. 52.

ções, reconhecendo que pode ser acusado de "banal".[17] Com plena consciência da crítica de que o iluminismo é "superficial" ou "ultrapassado", despreocupado com o status de sua carteira de identidade, ele propõe o seguinte "regime de banalidade, bom e revigorante":

> A verdade é certamente um problema epistemológico difícil. Na prática cotidiana, conseguimos diferenciá-la da inverdade. Não necessitamos de filosofia da lei para ordenar justiça. Qualquer pessoa que tiver vivenciado a falta de liberdade sabe o que é liberdade. Quem tiver sido vítima de opressão pode confirmar facilmente por sua experiência que igualdade não é um mito. É por isso que o iluminismo não

---

17 | Jean Améry, "Enlightenment as Philosophia Perennis", in *Radical Humanism: Selected Essays*, trad. e ed. Sidney Rosenfeld e Stella P. Rosenfeld. Bloomington, Ind.: Indiana University Press, 1984, p. 136. Este ensaio deve ser lido com J. Améry, *At the Mind's Limits: Contemplations by a Survivor on Auschwitz and Its Realities*, trad. S. Rosenfeld e S. P. Rosenfeld. Nova York, Schocken, 1986. Sobre o conceito de iluminismo, ver especialmente os últimos parágrafos de "Preface to the 1977 Edition" de *At the Mind's Limits* (pp. xx-xxi).

> é uma idealização doutrinária homogênea, mas um diálogo iluminador constante que somos obrigados a conduzir com nós mesmos e com os outros. A luz do Iluminismo clássico não era nenhuma ilusão de óptica nem alucinação. Onde ela corre o risco de desaparecer, a consciência humana torna-se turva. Quem repudia o Iluminismo está renunciando à educação da raça humana.[18]

Cito essa conclusão do "Enlightenment as Philosophia Perennis" [Iluminismo como Philosophia Perennis], de Améry, junto com o ensaio de Musil devido à perspectiva peculiar que ele lança sobre o debate infinito da viabilidade dos valores do iluminismo na cultura moderna. O debate desenrolou-se, de várias maneiras, com respeito a Heidegger, De Man e o *Historikerstreit*. Porém, esses debates costumam ser transformados em oportunidade para reencenar antagonis-

---

18 | J. Améry, "Enlightenment as Philosophia Perennis", op. cit., p. 141.

mos abstratos entre universalismo e tradição, razão e história, modernismo e pós-modernismo, ou alguma outra bifurcação aparente e demasiadamente geral. Problemas de justificação normativa podem subjugar com rapidez, às vezes até minando teoricamente, os valores morais e políticos que sabemos que defenderíamos em circunstâncias em que esses valores fossem ameaçados. Como conciliar a adesão a esses valores com dúvida, ou até mesmo desespero, a respeito de teorias gerais da justificação normativa é um problema filosófico que já preocupou pensadores bastante diferentes em outros aspectos. Mais de uma vez, participei de discussões em que as pessoas tentavam, com genuína perplexidade intelectual, descrever a grande admiração que sentiam pelo papel de Jürgen Habermas no *Historikerstreit*, sua defesa do "patriotismo constitucional",[19] com ressalvas igualmente sinceras a respeito de

---

19 | Para uma das discussões recentes de Jürgen Habermas sobre o patriotismo constitucional, ver Jean-Marc Ferry, "Ethics, Politics and History: An Interview with Jürgen Habermas", trad. Stephen K. White. *Philosophy and Social Criticism* 14, n. 3/4, 1988, pp. 433-39.

suas teorias filosóficas da justificação. Um elemento da importância de "Ruminations of a Slow-witted Mind", de Musil, e do ensaio de Améry é que ambos tornam essas questões filosóficas gerais menos urgentes, permitindo que a pessoa se identifique com um ponto de vista em que não há estímulo para fazer essas perguntas. Eles escrevem devido a uma situação história concreta em que suas *descrições* produzem uma *convicção* bem distante das questões de justificação. É impossível ler *É isto um homem?*, de Levi, ou *At the Mind's Limits* [Nos limites da mente], de Améry, sem desenvolver um comprometimento com a moralidade do humano representada por Musil. Decerto, esse ponto de vista não resolve todos os nossos problemas, apesar da retrospecção de 1990 que definitivamente nos permite ver tanto a verdade das observações de Musil quanto a maneira como seus comprometimentos morais interagiram com essas observações. Porém, não *precisamos* perguntar como Musil poderia justificar sua descrição, sua condenação, do movimento nacional-socialista; essa questão não se origina de um requerimento intelectual genuíno – ela é, na melhor das hipóteses, obtusa e, na pior, cruel.

Quando Musil escreve a respeito de sua "obrigação de decência", do "desafio e dever de falar", quando insiste que "foi com nossos olhos bem abertos que não vimos nada!", ele distingue sua responsabilidade de intelectual como sendo demarcar o papel de um intelectual. Essa responsabilidade, "exercer criticismo", é a tarefa do intelecto que a política não deve subsumir. O ensaio de Musil, apesar de incomum enquanto ato de responsabilidade, simboliza, por servir de exemplo, os poderes do intelecto – se, com esses poderes, nossa responsabilidade nunca desaparecer, então ela espera incessantemente nossa atuação.[20] As reflexões de 1933 de Musil, seu conceito de responsabilidade intelectual urgente, lembram esta citação de Maurice Blanchot, escrita em 1986 em homenagem a Nelson Mandela:

---

20 | R. Musil, "Ruminations of a Slow-witted Mind", op. cit., pp. 51 e 59.

> Não estou apelando a esses fatos indesmentíveis meramente para que não esvaeçam de nossa lembrança, mas também para que a lembrança deles nos traga mais ciência a respeito de nossa responsabilidade. Somos parte da barbárie, do sofrimento e dos incontáveis assassinatos na medida em que os acolhemos com certa indiferença, e passamos nossos dias e noites imperturbados... Ademais, a inércia da comunidade europeia desonra os ideais e a civilização que ela alega representar. Percebamos, portanto, que também somos responsáveis e culpados quando não expressamos um apelo, uma denúncia, um clamor.[21]

E, se nos sentimos tentados a perguntar onde deve ser o limite dessa responsabilidade, nossa tentação é mais bem abordada por esta observação de Fiódor Dostoiévski, citada com frequência por Levinas: "So-

---

21 | Maurice Blanchot, "Our Responsibility", trad. Franklin Philip, in *For Nelson Mandela*, ed. Jacques Derrida e Mustapha Tlili. Nova York: Seaver Books, 1987, p. 250.

mos todos responsáveis por todos os outros – mas eu sou mais responsável do que todos os outros".[22]

"Reflections on the Philosophy of Hitlerism", de Emmanuel Levinas, contém o que pode ser interpretado como uma espécie de dedução fenomenológica da filosofia do hitlerismo. Começando com "certo sentimento de identidade entre nosso corpo e nós mesmos, o qual se torna especialmente agudo em algumas circunstâncias"[23] Levinas argumenta que o conceito de homem

---

22 | Ver, por exemplo, o cap. 8 de Emmanuel Levinas, "Responsibility for the Other", em *Ethics and Infinity: Conversations with Philippe Nemo*, trad. Richard A. Cohen. Pittsburgh, Pa.: Duquesne University Press, 1985, pp. 93-101. O conceito de responsabilidade de Levinas defronta acontecimentos políticos marcantes em sua discussão memorável sobre os massacres de Sabra e de Chatila em 1982. Ver E. Levinas, "Ethics and Politics", trad. Jonathan Romney, in Seán Hand (org.), *The Levinas Reader*. Oxford: Blackwell, 1989, pp. 289-97.

23 | Emmanuel Levinas, "Reflections on the Philosophy of Hitlerism", trad. Seán Hand. *Critical Inquiry*, outono 1990, v. 17, n. 1, p. 68 [ed. bras.: "Algumas reflexões sobre a filosofia do hitlerismo", trad. Belo Horizonte/Veneza: Âyiné, 2016. Foram mantidas aqui as refe-

encontrado no hitlerismo julga que essa sensação de identidade é uma originalidade irredutível cuja pureza deve ser mantida. Em vez de alegar que "nenhuma ligação é fundamentalmente definitiva", como fazem o cristianismo e o liberalismo, o hitlerismo encontra nesses fatos de união material a base fenomenológica para a perspectiva de que "é nesse agrilhoamento ao corpo que consiste toda a essência do espírito".[24] Quando se obtém ciência a respeito "do agrilhoamento original inelutável e único a nosso corpo", para que o argumento tenha continuidade, chegaremos à conclusão de que toda estrutura social deve aceitar esse agrilhoamento, deve estar comprometida ao corpo. Portanto, a concretização do espírito no corpo, em subjugação a ele, origina uma sociedade baseada na consanguinidade. "E então, se a raça não existe, é preciso inventá-la!".[25] Esse novo ideal de homem e de sociedade carrega consigo,

---

rências do original em inglês].

24 | Id., ibid., pp. 65, 68.

25 | Id., ibid., p. 69.

de acordo com Levinas, um novo ideal de pensamento e verdade. Em vez de escolher sua própria verdade com base na liberdade soberana da razão, o homem descobre que "já se encontra vinculado a algumas delas, tal como está vinculado por nascimento a todos os que são de seu mesmo sangue".[26] Apesar de vinculado à comunidade de sangue e à verdade das ideias, a respeito das quais não há como voltar atrás, esse novo tipo de verdade, contudo, ainda almeja a universalidade. Porém, se a universalidade da verdade não se constitui mais da proposta e da aceitação de ideias, que são propagadas livremente pelo espírito, se até a verdade deve ser ancorada a uma identidade corporal e racial, então como a universalidade da verdade pode ser compreendida? Como Levinas propõe a questão, "Como a universalidade é compatível com o racismo?".[27] Levinas responde que a universalidade da verdade deve sofrer uma modificação básica: *"Ela deve ceder lugar à ideia de expansão,*

---

26 | Id., ibid., p. 70.
27 | Id., ibid.

pois a expansão de uma força apresenta uma estrutura totalmente diversa da propagação de uma ideia".[28] Uma força engrandece a pessoa ou a sociedade que a exerce e subordina os outros. Em vez de criar uma sociedade de iguais, a expansão da força, de uma força enraizada na raça, cria um mundo de senhores e escravos. Portanto, enfrentamos um ideal "que traz ao mesmo tempo sua forma própria de universalização: a guerra, a conquista".[29]

Em minha interpretação da estrutura do argumento de Levinas, ele está tentando mostrar as conexões fenomenológicas e conceituais entre as seguintes ideias, cada qual baseada nas que a precedem:

> Fenomenologia da identidade e da união corporais que têm um status absoluto
> Estrutura social comprometida ao corpo
> Sociedade baseada em consanguinidade
> Raça

28 | Id., ibid.
29 | Id., ibid., p. 71.

Expansão de uma força (como modificação da
ideia de universalidade da verdade)
Guerra e conquista

Cada uma dessas ideias é importante, seja explícita ou implicitamente, em *Minha luta*, de Hitler. Da alegação de que "um espírito saudável e forte será encontrado apenas num corpo saudável e forte" e da ênfase correspondente na educação física e no treinamento, à doutrina de que "o estado popular [...] *deve posicionar a raça no centro de toda a vida. Ele deve tratar de mantê-lo puro*", Hitler conclui que "todas as grandes culturas do passado pereceram somente porque a raça originalmente criativa morreu de envenenamento sanguíneo [...] Aqueles que querem viver, deixem-nos lutar, e aqueles que não querem lutar nesse mundo de eternas contendas não merecem viver".[30] Ao mostrar as inter-relações filosóficas entre essas

---

30 | Adolf Hitler, *Mein Kampf*, trad. Ralph Manhein. Boston: Houghton Mifflin, 1943, pp. 407, 403, 289.

ideias, Levinas revela a "atitude primeira de uma alma diante do conjunto do real e de seu próprio destino" do hitlerismo.[31] E ele expõe a base fundamental dessa filosofia numa interpretação específica da experiência de nosso corpo.

Levinas contrasta a filosofia do hitlerismo com o conceito de espírito encontrado no cristianismo e no liberalismo (e, em um grau menor, no marxismo). Esse conceito de espírito se baseia "num sentimento de liberdade absoluta do homem perante o mundo e as possibilidades que demandam sua ação".[32] Seja na forma da libertação do cristianismo pela graça, seja na forma da razão autônoma e livre do liberalismo, essa concepção posiciona o espírito humano num plano que transcende "a matéria física, psicológica e social".[33] E, diferentemente da escravidão ao passado característi-

---

31 | E. Levinas, "Reflections on the Philosophy of Hitlerism", op. cit., p. 64.

32 | Id., ibid., p. 64.

33 | Id., ibid., p. 66.

ca do nacionalismo,[34] o cristianismo e o liberalismo enfatizam que "ao poder concedido à alma de se libertar do *que foi*", o fato de que o "homem não é atormentado por uma História ao escolher seu destino".[35] Essa transcendência ou soberania de espírito, sua capacidade de separação, também está ligada a uma experiência particular do corpo. Para essa filosofia, a experiência do corpo não forma o fundamento da existência do homem; na verdade, a sensação de identidade entre nosso corpo e nós mesmos é uma "fase a ser ultrapassada": o corpo "interrompe o impulso livre do espírito, devolve-o às condições terrestres, mas, como obstáculo, deve ser su-

---

34 | Sobre a escravidão nacionalista ao passado, relacionada ao ensaio de Levinas, ver Georges Bataille, "Nietzsche and the Fascists", in *Visions of Excess: Selected Writings, 1927-1939*, org. e trad. Allan Stoekl, com Carl R. Lovitt e Donald M. Leslie Jr. Minneapolis: University of Minnesota Press, 1985, pp. 192-93. O ensaio de Bataille, publicado originalmente em 1937, é a única discussão que conheço a respeito de "Reflections on the Philosophy of Hitlerism", de Levinas.

35 | E. Levinas, "Reflections on the Philosophy of Hitlerism", op. cit., p. 66.

perado".[36] Apesar de o corpo nos ligar ao mundo material, "a espiritualidade da razão" pode escapar de todas as ligações, e portanto a base fundamental do espírito se localiza "fora do mundo brutal e da história implacável da existência concreta".[37] Correspondendo a essa experiência do corpo, de sua relação com o espírito, temos a concepção da sociedade baseada não na consanguinidade e na raça, mas "fundada sobre o acordo das vontades livres".[38]

A descrição de Levinas do pensamento tradicional ocidental, em oposição ao hitlerismo, esquematiza de maneira notável muitos dos temas que posteriormente serão centrais ao existencialismo, especialmente segundo o desenvolvimento de Jean-Paul Sartre. Em seu importante ensaio de início de carreira, "Cartesian Freedom" [Liberdade cartesiana], originalmente publicado em 1946, Sartre conduz uma discussão sobre Des-

36 | Id., ibid., pp. 68, 67.
37 | Id., ibid., p. 66.
38 | Id., ibid., p. 69.

cartes que também almeja caracterizar suas próprias visões filosóficas. Consideremos, por exemplo, esta passagem: "[O homem] pode se retrair de tudo em seu interior que é natureza, de sua memória, de sua imaginação, de seu corpo. Ele pode se retrair até do tempo e se refugiar na eternidade do momento. Nada revela mais claramente o fato de que o homem não é um ser de 'natureza'".[39]

Aqui, Sartre refere-se ao "poder de escapar, de se desprender" do eu, e nessa autonomia ele encontra "o fundamento da democracia".[40] Todos esses temas – a transcendência do tempo, da natureza e do corpo pelo eu, e a maneira como esse poder proporciona uma base para a democracia – estão presentes no ensaio de 1934 de Levinas. Quando Levinas elogia o existencialismo de Sartre em 1947 por sua contribuição à compreensão do

---

39 | Jean-Paul Sartre, "Cartesian Freedom", in *Literary and Philosophical Essays,* trad. Annette Michelson. Nova York: Criterion, 1955, p. 190.

40 | Id., ibid., pp. 190, 196.

antissemitismo, ele enfatiza que o existencialismo fornece as ferramentas intelectuais para a compreensão dos comprometimentos do espírito "não como uma materialidade". E contrapõe essa compreensão à dos teóricos da filiação racial [*théoriciens de l'appartenance*], que "desafiaram a independência do homem em relação à sua situação concreta", e que portanto professaram o antissemitismo.[41] As observações de Levinas, como devem estar claras a esta altura, ecoam sua própria discussão de "Reflections on the Philosophy of Hitlerism".

Levinas, no entanto, não desenvolveu uma teoria de liberdade radical, assim como encontramos em *O ser e o nada* de Sartre. Sua nota introdutória a "Reflections on the Philosophy of Hitlerism" indica os termos de sua crítica do sujeito que, "antes de tudo, deseja ser livre e se acha livre". Quando Levinas escreve "Precisamos nos perguntar se o liberalismo é suficiente para que a

---

41 | E. Levinas, "Existentialisme et antisémitisme". *Cahiers de l'Alliance Israelite Universelle*, n. 14-15, jun.-jul. 1947, p. 3; minha tradução.

dignidade autêntica do sujeito humano seja alcançada. Será que o sujeito atinge a condição humana antes de assumir responsabilidade pelo outro, no ato de escolha que o ergue a essa altura?", ele alude à altura, à transcendência e à infinitude do outro que apelam a minha responsabilidade.[42] A filosofia posterior de Levinas, iniciada em *Totality and Infinity* [Totalidade e infinidade] e continuada em *Otherwise Than Being or Beyond Essence* [Além da existência ou além da essência], mantém a categoria de transcendência, mas já não é a transcendência do eu em relação a suas ligações concretas, nem em relação a seu próprio corpo, que está em risco. Na verdade, é a transcendência do eu em relação à responsabilidade pelo outro que nos confere uma dignidade autêntica: "É ao me convocar até outros homens que a transcendência me diz respeito".[43] A transcendência

---

42 | E. Levinas, "Reflections on the Philosophy of Hitlerism", op. cit., p. 63.

43 | E. Levinas, "Beyond Intentionality", trad. Kathleen McLaughlin, in Alan Montefiore (org.), *Philosophy in France Today*. Cambridge: Cambridge University Press, 1983, p. 113. Ver também E.

do outro "paralisa o próprio poder do poder";[44] e coloca "em questão o direito natural de meus poderes, de minha espontaneidade gloriosa".[45] Essa contestação a minha soberania e a minha autonomia é, argumenta Levinas, a condição da consciência ética:

> a liberdade que vive por meio da consciência fica inibida diante do outro quando realmente encaro, diretamente e sem artifícios ou evasão, seus olhos desabrigados e completamente desprotegidos. A consciência moral é precisamente essa retidão [droiture]. O rosto do outro questiona minha própria espontaneidade, essa alegre força que se move.[46]

Levinas, *Totality and Infinity: An Essay on Exteriority*, trad. Alphonso Lingis. Pittsburgh, Pa.: Duquesne University Press, 1969, pp. 48-52.

44 | Id., *Totality and Infinity*, op. cit., p. 198.

45 | Id., "Philospy and the Idea of Infinity", *Collected Philosophical Papers*, trad. Alphonso Lingis. Dordrecht: Martinus Nijhoff, 1987, p. 58.

46 | Id., "Signature", trad. Mary Ellen Petrisko, ed. Adrian Peperzak. *Research in Phenomenology*, n. 8, 1978, p. 183.

Minha sujeição à responsabilidade-pelo-outro, essa transcendência do meu eu em direção ao outro, é "um movimento mais fundamental do que a liberdade".[47] A filosofia do hitlerismo *nega minha liberdade partindo de baixo*, solidificando-a em carne, em sangue, em terra e em raça. Ao repudiar nossa essência de liberdade, ela termina alojando essa essência "numa espécie de agrilhoamento" [48] Em relação ao hitlerismo, o liberalismo recupera um aspecto de nossa humanidade. Porém, o pensamento posterior de Levinas nos estimula a não nos conformar com a soberania da razão, mesmo que construída pelo liberalismo. Ao ir além do eu, refém do outro, a responsabilidade é uma *transcendência de minha liberdade partindo de cima*. Essa dimensão superior, concretizada no rosto do outro, constitui nada mais que "o 'lugar' original da Revelação."[49]

---

47 | Id., "Philosophy and the Idea of Infinity", op. cit., p. 58.

48 | Id., "Reflections on the Philosophy of Hitlerism", op. cit., p. 69.

49 | Id., ibid., p. 63.

Emmanuel Levinas

**ALGUMAS REFLEXÕES SOBRE
A FILOSOFIA DO HITLERISMO**

Nota introdutória[1]

Emmanuel Levinas
28 de março de 1990

Este artigo foi publicado em *Esprit*, revista representante do catolicismo progressista de vanguarda, em 1934, logo após Hitler chegar ao poder.

O artigo resulta de uma convicção de que a fonte da crueldade atroz do nacional-socialismo não é uma

---

[1] Texto publicado como *Prefatory Note* em ocasião da tradução inglesa de *Quelques réflexions sur la philosophie de l'hitlerisme*, em edição realizada pelo professor Arnold I. Davidson e publicada em *Critical Inquiry*, outono 1990, v. 17, n. 1, p. 63.

anomalia fortuita qualquer inerente ao raciocínio humano nem um mal-entendido ideológico acidental. Neste artigo, há a convicção de que essa fonte se origina da possibilidade essencial do *Mal elementar* para o qual podemos ser guiados pela lógica e contra o qual a filosofia ocidental não tinha se precavido suficientemente. Essa possibilidade está inscrita na ontologia de um ser preocupado com o ser [*de l'être soucieux d'être*] – um ser, para usar a expressão heideggeriana, "dem es in seinem Sein um dieses Sein selbst geht". Essa possibilidade ainda ameaça o sujeito correlativo do ser-a--reunir e a-dominar [*l'être-à-reassembler et à-dominer*], o famoso sujeito do idealismo transcendental que, antes de tudo, deseja ser livre e se acha livre. Precisamos nos perguntar se o liberalismo é suficiente para que a dignidade autêntica do sujeito humano seja alcançada. Será que o sujeito atinge a condição humana antes de assumir responsabilidade pelo outro, no ato de escolha que o eleva essa altura? Essa escolha vem de um deus – ou de Deus – que o enxerga na *face* do outro, seu próximo, o "lugar" original da Revelação.

Algumas reflexões sobre a filosofia do hitlerismo

A filosofia de Hitler é primária. Mas as potências primitivas que atuam nela fazem eclodir sua mísera fraseologia sob o ímpeto de uma força elementar. Despertam a nostalgia secreta da alma alemã. Mais do que uma doença ou uma loucura, o hitlerismo é um despertar dos sentimentos elementares.

Mas a partir daí, pavorosamente perigoso, ele se torna filosoficamente interessante. Pois os sentimentos elementares encerram uma filosofia. Eles expressam a atitude primeira de uma alma diante do conjunto do real e de seu próprio destino. Predeterminam ou prefiguram o sentido da aventura que a alma empreenderá no mundo.

Dessa maneira, a filosofia do hitlerismo ultrapassa a filosofia dos hitleristas. Põe em questão os princípios de uma civilização. Não se trata apenas do conflito entre liberalismo e hitlerismo. O próprio cristianismo se vê ameaçado, apesar dos acordos ou concordatas de que se beneficiaram as igrejas cristãs com o advento do regime.

Mas, ao contrário do que fazem alguns jornalistas, não basta distinguir entre o universalismo cristão e o particularismo racista: uma contradição lógica não é capaz de julgar um acontecimento concreto. O significado de uma contradição lógica que opõe duas correntes de ideias não aparece plenamente se não se remonta à fonte, à intuição, à decisão original que lhes possibilitou o surgimento. Com isso em mente exporemos algumas reflexões.

I

As liberdades políticas não esgotam o conteúdo do espírito de liberdade, que, para a civilização europeia, significa uma concepção do destino humano. É um sentimento de liberdade absoluta do homem perante o mundo e as possibilidades que demandam sua ação. O homem se renova eternamente diante do Universo. Falando em termos absolutos, ele não tem história.

Pois a história é a limitação mais profunda, a limitação fundamental. O tempo, condição da existência humana, é, acima de tudo, condição do irreparável. O fato consumado, levado por um presente que se vai, escapa ao domínio do homem, mas pesa sobre seu destino. Por trás da melancolia do eterno escoar das coisas, do ilusório presente de Heráclito, está a tragédia da irremobilidade de um passado indelével que condena a iniciativa a ser mera continuação. A verdadeira liberdade, o verdadeiro começo, exigiria um verdadeiro presente que, sempre no apogeu de um destino, o recomeça eternamente.

O judaísmo traz essa magnífica mensagem. O remorso – expressão dolorosa da impotência radical de reparar o irreparável – anuncia o arrependimento gerador do perdão que repara. O homem encontra no presente como modificar, como apagar o passado. O tempo perde sua própria irreversibilidade. Ele sucumbe debilitado aos pés do homem como um animal ferido. E o liberta.

O pungente sentimento da impotência natural do homem perante o tempo é o que constitui todo o trágico da *Moïra* grega, toda a intensidade da ideia do pecado e toda a grandeza da revolta do cristianismo. Aos átridas que se debatem sob a coerção de um passado estranho e brutal como uma maldição, o cristianismo opõe um drama místico. A Cruz liberta; e, pela Eucaristia que triunfa sobre o tempo, essa libertação é diária. A salvação que o cristianismo quer trazer vale pela promessa de recomeçar o definitivo criado pelo escoamento dos instantes, de superar a contradição absoluta de um passado subordinado ao presente, de um passado sempre em causa, sempre recolocado em questão.

Assim ele proclama a liberdade, assim ele a possibilita em toda a sua plenitude. Não é apenas a escolha do destino que é livre. A escolha feita não se torna um grilhão. O homem conserva a possibilidade – sobrenatural, sem dúvida, mas tangível, concreta – de rescindir o contrato com o qual se comprometeu livremente. Pode recuperar a cada instante sua nudez dos primeiros dias de criança. A reconquista não é fácil. Pode malograr. Não é efeito do decreto caprichoso de uma vontade situada num mundo arbitrário. Mas a profundidade do esforço exigido apenas dá a medida da gravidade do obstáculo e ressalta a originalidade da nova ordem prometida e realizada, que triunfa rompendo as camadas profundas da existência natural.

Essa liberdade infinita em relação a qualquer vínculo, por meio da qual, em suma, nenhum vínculo é definitivo, está na base da noção cristã da alma. Permanecendo sempre como a realidade supremamente concreta, exprimindo o fundo último do indivíduo, ela tem a pureza austera de um sopro transcendente. Através das vicissitudes da história real do mundo, o poder da renovação dá à alma como que uma natureza numênica, ao abrigo das investidas de um mundo onde, porém, está instalado o homem concreto. O paradoxo é apenas aparente. O desprendimento da alma não é uma abstração, e sim um poder concreto e positivo de se desprender, de se abstrair. A igual dignidade de todas as almas, independentemente da condição material ou social das pessoas, não decorre de uma teoria que, sob as diferenças individuais, afirmaria uma analogia de "constituição psicológica". Ela se deve ao poder concedido à alma de se libertar do *que foi*, de tudo o que a prendeu, de tudo o que a comprometeu – para reencontrar sua virgindade primordial.

Ainda que o liberalismo dos últimos séculos escamoteie o aspecto dramático dessa libertação, ele conserva um elemento essencial seu, sob a forma da liberdade soberana da razão. Todo o pensamento filosófico e político dos tempos modernos tende a colocar o espírito humano num plano superior ao real, cavando um abismo entre o homem e o mundo. Ao tornar impossível a aplicação das categorias do mundo físico à espiritualidade da razão, ele coloca o fundo último do espírito fora do mundo brutal e da história implacável da existência concreta. Substitui o mundo cego do senso comum pelo mundo reconstruído pela filosofia idealista, banhado de razão e submetido à razão. No lugar da libertação pela graça há a autonomia, mas permeada pelo *leitmotiv* judaico-cristão.

Os autores franceses do século xviii, precursores da ideologia democrática e da Declaração dos Direitos do Homem, admitiram, apesar de seu materialismo, o sentimento de uma razão exorcizando a matéria física, psicológica e social. A luz da razão basta para expulsar as sombras do irracional. O que resta do materialismo quando a matéria é inteiramente permeada de razão?

O homem do mundo liberalista não escolhe seu destino sob o peso de uma História. Ele não conhece suas possibilidades como poderes inquietos que nele fervilham e já o orientam para uma via determinada. Não passam para ele de possibilidades lógicas oferecendo-se a uma razão serena que escolhe eternamente guardando distância.

II

O marxismo, pela primeira vez na história ocidental, contesta essa concepção do homem.

O espírito humano já não lhe aparece como a pura liberdade, como a alma planando acima de qualquer vínculo; já não é a pura razão fazendo parte de um reino dos fins. Ele é presa das necessidades materiais. Mas, à mercê de uma matéria e de uma sociedade que já não obedecem à varinha mágica da razão, sua existência concreta e submetida tem mais importância, mais peso do que a razão impotente. A luta que preexiste à inteligência lhe impõe decisões que ela não tomou. "O ser determina a consciência." A ciência, a moral, a estética não são moral, ciência e estética em si, mas traduzem a cada instante a oposição fundamental entre a civilização burguesa e a civilização proletária.

O espírito da concepção tradicional perde o poder de desfazer todos os laços do qual sempre teve tanto orgulho. Choca-se contra montanhas que nenhuma fé, por si só, conseguiria romper. A liberdade absoluta, a que realiza os milagres, é pela primeira vez banida da constituição do espírito. Assim o marxismo se opõe não só ao cristianismo, mas a todo o liberalismo idealista para o qual "o ser não determina a consciência", e sim a consciência ou a razão determina o ser.

Com isso, o marxismo segue em sentido contrário à cultura europeia ou, pelo menos, rompe a curva harmoniosa de seu desenvolvimento.

III

No entanto, essa ruptura com o liberalismo não é definitiva. O marxismo tem consciência de continuar, em certo sentido, as tradições de 1789, e o jacobinismo parece inspirar em larga medida os revolucionários marxistas. Mas, acima de tudo, se a intuição fundamental do marxismo consiste em ver o espírito numa relação inevitável com determinada situação, esse agrilhoamento não tem nada de radical. A consciência individual determinada pelo ser não é tão impotente que não conserve – pelo menos em princípio – o poder de se desvencilhar do sortilégio social que, a partir daí, aparece como estranho à sua essência. Tomar consciência de sua situação social é, para Marx, libertar-se do fatalismo que ela comporta.

Uma concepção verdadeiramente contrária à noção europeia do homem só seria possível se a situação à qual ele está preso não fosse um acréscimo, mas constituísse o próprio fundo de seu ser. Exigência paradoxal à qual a experiência de nosso corpo parece atender.

O que, segundo a interpretação tradicional, é ter um corpo? É carregá-lo como um objeto do mundo exterior. Para Sócrates, ele pesa como os grilhões que o filósofo porta na prisão de Atenas; encerra-o como a própria tumba que o espera. O corpo é o obstáculo. Interrompe o impulso livre do espírito, devolve-o às condições terrestres, mas, como obstáculo, deve ser superado.

Foi o sentimento do corpo como eterno estrangeiro em relação a nós que alimentou o cristianismo, bem como o liberalismo moderno. Foi ele que persistiu ao longo de todas as variações da ética, mesmo apesar do declínio do ideal ascético desde o Renascimento. Se os materialistas confundiam o eu com o corpo, era ao preço de uma negação pura e simples do espírito. Colocavam o corpo na natureza; não lhe concediam lugar especial no Universo.

Ora, o corpo não é apenas o eterno estrangeiro. A interpretação clássica relega certo sentimento de identidade entre nosso corpo e nós mesmos, o qual se torna especialmente agudo em algumas circunstâncias, em um nível inferior, como etapa a ser vencida. O corpo não nos é apenas mais familiar e mais próximo do que o resto do mundo, não comanda apenas nossa vida psicológica, nosso humor e nossa atividade. Além dessas constatações banais, há o sentimento de identidade. Não nos afirmamos nesse calor único de nosso corpo, muito antes do desenvolvimento do Eu que pretenderá se diferenciar dele? Esses laços estabelecidos pelo sangue, muito antes da eclosão da inteligência, não resistem a todas as provas? Numa atividade esportiva perigosa, num exercício arriscado em que os gestos alcançam uma perfeição quase abstrata sob o sopro da morte, qualquer dualismo entre o eu e o corpo deve desaparecer. E, no impasse da dor física, o doente não sente a simplicidade indivisível de seu ser quando se vira em seu leito de sofrimento para encontrar a posição de paz?

Diremos que a análise revela na dor a oposição do espírito a essa dor, uma revolta, uma recusa de permanecer nela e, por conseguinte, uma tentativa de superá-la – mas essa tentativa já não é desde sempre desesperada? O espírito revoltado não continua encerrado na dor, inelutavelmente? E não é esse desespero que constitui o próprio fundo da dor?

Ao lado da interpretação dada pelo pensamento tradicional do Ocidente para esses fatos, aos quais qualifica de brutos e grosseiros e pretende reduzi-los, pode subsistir o sentimento de sua originalidade irredutível e o desejo de manter sua pureza. Haveria na dor física uma posição absoluta.

O corpo não é apenas um acidente feliz ou infeliz que nos põe em relação com o mundo implacável da matéria – *sua aderência ao Eu vale por si só*. É uma aderência à qual *não se escapa* e que nenhuma metáfora permitiria confundir com a presença de um objeto exterior: é uma união cujo sabor trágico do definitivo não pode alterar nada.

Esse sentimento de identidade entre o eu e o corpo – que, evidentemente, nada tem em comum com o materialismo popular –, portanto, jamais permitirá que aqueles que gostariam de tomá-lo como ponto de partida reencontrem no fundo dessa unidade a dualidade de um espírito livre debatendo-se contra o corpo ao qual estaria agrilhoado. Para eles, pelo contrário, é nesse agrilhoamento ao corpo que consiste toda a essência do espírito. Separá-lo das formas concretas às quais está desde sempre vinculado é trair a originalidade do próprio sentimento de onde partiria.

A importância atribuída a esse sentimento do corpo, com o qual o espírito ocidental nunca quis se contentar, está na base de uma nova concepção do homem. O biológico, com tudo o que comporta de fatalidade, torna-se mais do que um *objeto* da vida espiritual:

torna-se seu coração. As vozes misteriosas do sangue, os apelos da hereditariedade e do passado aos quais o corpo serve de veículo enigmático perdem sua natureza de problemas submetidos à solução de um Eu soberanamente livre. O Eu, para resolvê-los, não traz senão as próprias incógnitas desses problemas. Ele é constituído por elas. A essência do homem já não está na liberdade, e sim numa espécie de agrilhoamento. Ser verdadeiramente si mesmo não é retomar seu voo por sobre as contingências, sempre estranhas à liberdade do Eu; pelo contrário, é tomar consciência do agrilhoamento original inelutável e único a nosso corpo; é, sobretudo, aceitar esse agrilhoamento.

A partir daí, toda estrutura social que anuncia uma libertação em relação ao corpo, sem engajá-lo, torna-se suspeita como um renegamento, uma traição. As formas da sociedade fundada sobre o acordo das vontades livres se afigurarão não só frágeis e inconsistentes, mas também falsas e enganadoras. O igualamento dos espíritos perde a grandeza do triunfo do espírito sobre o corpo. Torna-se obra de falsários. Dessa concretização do espírito decorre imediatamente uma sociedade de base consanguínea. E então, se a raça não existe, é preciso inventá-la.

Esse ideal do homem e da sociedade vem acompanhado por um novo ideal de pensamento e de verdade.

O que caracteriza a estrutura do pensamento e da verdade no mundo ocidental – já o frisamos – é a distância que separa inicialmente o homem do mundo de ideias onde ele escolherá sua verdade. Ele é livre e sozinho perante esse mundo. É livre a ponto de poder não franquear essa distância, de não fazer a escolha. O ceticismo é uma possibilidade fundamental do espírito ocidental. Mas, uma vez franqueada a distância e capturada a verdade, ainda assim o homem reserva sua liberdade. O homem pode se recompor e voltar a sua escolha. Na afirmação já se aninha a negação futura. Essa liberdade constitui toda a dignidade do pensamento, mas também encerra seu perigo. No intervalo que separa o homem da ideia infiltra-se a mentira.

O pensamento se torna jogo. O homem se lamenta em sua liberdade e não se engaja definitivamente com nenhuma verdade. Transforma seu poder de duvidar em falta de convicção. Não se prender a uma verdade torna-se, para ele, não querer engajar sua pessoa na criação dos valores espirituais. A sinceridade agora impossível põe fim a todo heroísmo. A civilização é invadida por tudo o que não é autêntico, pelo sucedâneo posto a serviço dos interesses e da moda.

É a uma sociedade que perde o contato vivo com seu verdadeiro ideal de liberdade para aceitar suas formas degeneradas e que, não vendo que esse ideal exige esforço, rejubila-se sobretudo com o que ele traz de comodidade – é a uma sociedade em tal estado que o ideal germânico do homem aparece como uma promessa de sinceridade e autenticidade. O homem já não se encontra perante um mundo de ideias onde poderia escolher sua verdade para si mesmo, por uma decisão soberana de sua livre razão – já se encontra vinculado a algumas delas, tal como está vinculado por nascimento a todos os que são de seu mesmo sangue. Não pode mais brincar com a ideia, pois, surgida de seu ser concreto, ancorada em sua carne e seu sangue, conserva a seriedade.

Agrilhoado a seu corpo, o homem lhe vê recusado o poder de escapar a si mesmo. A verdade para ele já não é a contemplação de um espetáculo alheio a si – ela consiste num drama onde o próprio homem é o ator. É sob o peso de toda a sua existência – que comporta dados sobre os quais não é possível voltar – que o homem dirá seu sim ou seu não.

Mas a que obriga tal sinceridade? Todo igualamento racional ou comunhão mística entre espíritos que não se apoie numa comunidade de sangue é suspeito. E no entanto o novo tipo de verdade não pode renunciar à natureza formal da verdade e deixar de ser universal. A verdade já não será *minha* verdade no sentido mais forte desse possessivo, ela tenderá à criação de um mundo novo. Zaratustra não se contenta com sua transfiguração; ele desce de sua montanha portando um evangelho. Como a universalidade é compatível com o racismo? Haverá aí – e faz parte da lógica da inspiração primeira do racismo – uma modificação fundamental da própria ideia de universalidade. *Ela deve ceder lugar à ideia de expansão*, pois a expansão de uma força apresenta uma estrutura totalmente diversa da propagação de uma ideia.

A ideia que se propaga separa-se essencialmente de seu ponto de partida. Torna-se, a despeito da marca única que lhe imprime seu criador, patrimônio comum. É basicamente anônima. Quem a aceita torna-se seu senhor tal como aquele que a propõe. A propagação de uma ideia cria assim uma comunidade de "senhores" – é um processo de igualamento. Converter ou persuadir é criar pares. A universalidade de uma ordem na sociedade ocidental reflete sempre essa universalidade da verdade.

Mas a força é caracterizada por outro tipo de propagação. Quem a exerce não se separa dela. A força não se perde entre os que a sofrem. Ela está ligada à personalidade ou à sociedade que a exerce, amplia-as ao lhes subordinar o restante. Aqui, a ordem universal não se estabelece como corolário de expansão ideológica – é essa própria expansão que constitui a unidade de um mundo de senhores e escravos. A vontade de potência de Nietzsche, que a Alemanha moderna retoma e glorifica, não é somente um novo ideal, é um ideal que traz ao mesmo tempo sua forma própria de universalização: a guerra, a conquista.

Mas aqui reencontramos verdades muito conhecidas. Tentamos reconduzi-las a um princípio fundamental. Talvez tenhamos conseguido mostrar que o racismo não se opõe apenas a este ou aquele ponto particular da cultura cristã e liberal. Não é este ou aquele dogma de democracia, de parlamentarismo, de regime ditatorial ou de política religiosa que está em causa. É a própria humanidade do homem.

Robert Musil
RUMINAÇÕES DE UM LERDO

* O leitor tem em mãos um ensaio inacabado de 1933 de Robert Musil traduzido integralmente pela primeira vez em português.
Para termos-chave como "Geist", optou-se usar a palavra "espírito", no sentido hegeliano do termo. Para "Weltanschauung" preferiu-se "visão de mundo", embora a primeira já esteja incorporada ao vocabulário da língua portuguesa. (N.T.)

Ruminações de um lerdo*

I

A revolucionária "Renovação da cultura alemã", da qual somos testemunhas e participantes, apresenta duas correntes de pensamento em sua orientação e liderança. A primeira deseja, depois da tomada do poder, utilizar o espírito para construir seu discurso; promete uma idade de ouro, se for escolhida, e entrevê o direito de participação nas decisões. A segunda, ao contrário, atesta sua desconfiança, argumentando que o método revolucionário, por enquanto, segue ilimitado e o próximo passo é colocar mãos à obra ao espírito; ou assegura também que isso não é necessário, uma vez que o novo espírito já se faz presente e, por isso, o antigo joga-se voluntariamente ao fogo para se transformar em cinzas ou se sublimar. Até o momento em que escrevo estas palavras, não há dúvida de que é a segunda corrente que entoa a vitória; a primeira, apenas acompanha tocando instrumentos. E não poderia ser diferente, dado o vigor desse movimento em marcha que vem à luz, impondo completamente a assimilação e a subordinação. Por outro lado, é possível que o espírito não se tenha dado por vencido. Para tudo existe um limite; nada é absoluto. É uma prova de fogo para o espírito, já que atualmente existe um tipo de jurisdição de exceção que não julga segundo as leis estabelecidas, mas conforme as leis do Movimento (nacional-socialista alemão).

Com um ímpeto de imolação jamais visto, a Alemanha dispensou, em poucas semanas, pesquisadores e estudiosos, em sua maioria, de nível intelectual insubstituível, que tradicionalmente dominaram o pensamento alemão por séculos; um fato como esse não pode passar despercebido, deixado de lado, sem discussão. Não há escolha. Ou se admite que os judeus têm parte prestigiosa no pensamento alemão, ou, então, se diz que é a corrupção dos pés à cabeça e não se fala mais nisso. Quem participa da vida intelectual alemã e examina a própria experiência verá que a luta entre os homens de espírito e os ignorantes de toda procedência sempre foi parelha; não dá para simplesmente ignorar nossa experiência. O que aconteceu nos parece injusto; mas se quiséssemos aplicar a justiça, na forma que ela vem sendo utilizada, essa justiça pareceria insensata. Ela nos fere com um disfarce de moralidade, para julgar aquilo que está fora de discussão: o humano. Humanidade, Internacionalidade, Liberdade e Objetividade, palavras da moda, são suspeitas; e quem comunga dessas ideias torna-se suspeito, pois demonstra não compreender a indivisibilidade das mudanças arraigadas. Essas mudanças substituem uma totalidade por outra; e, como ela é o último argumento contra qualquer tipo de objeção, é também o fundamento por excelência do chamado "sistema corrompido". Essa argumentação pode não ser correta e pode ter inúmeras consequências; nem em sua forma ela é lógica, mas não importa, pois ela se apresenta como a "transvaloração dos valores".

Essa transvaloração não é imaginária. Sombria, mas perceptível, ela contém algo que se deixa expressar mais ou menos como: o todo é o senhor das partes. Não é precedido por elas, pelo contrário, é seu guia. Não é apenas seu mestre, mas o que lhes dá sentido. Essa sempre foi uma concepção biológica e, por diversos motivos, esse pensamento de que o todo é mais que a soma das partes, ou, semelhantemente, que o conjunto das partes não é mais que o todo, e que o mundo é uma construção tanto do todo como do singular, encontrou ampla aplicação na filosofia contemporânea. Na política, contudo, ele passou a configurar e a se expandir devido à incapacidade da democracia em estabelecer, nos momentos difíceis, os limites reais, ou ao menos sugeri-los, da imensa arena onde lutam todos contra todos. Essa incapacidade ainda não foi demonstrada, porque existem democracias fortes, e conceitos como coletivismo, anti-individualismo e atitudes antiatomísticas da totalidade estão hoje espalhados por mais da metade do mundo em diversas formas e forças. Esse é o real programa do Movimento alemão, que faz tudo que está a seu alcance para evitar que seu nacionalismo seja confundido com as antigas formas de nacionalismo.

Vamos imaginar que pudéssemos substituir o nacional-socialismo por outro movimento. Um sentimento livre de desejos e temores, contrário mesmo a eles, mas que entenda ser simplesmente impossível essa substituição como uma volta à situação anterior ou a um período ainda mais longínquo. Esse sentimento não pode ser interpretado, se não como a hora e a vez do nacional-socialismo, que não é uma espiral, mas uma etapa da história. Tal experimento da imaginação, hoje em dia, é algo muito mais corriqueiro do que se poderia pensar. Observa-se também outra coisa: não aconteceu algo notavelmente imoral nas últimas semanas? Os direitos básicos da pessoa moralmente capaz, a liberdade de expressão e todo o escopo de convicções inalienáveis tiveram sua abolição presenciada por milhões de pessoas, usurpadas em suas crenças mais profundas, sem poder ao menos levantar um dedo em protesto. Eles juraram dar a vida por seus princípios, mas não levantaram um dedo. Perceberam que roubavam suas almas, mas se deram conta de que seus corpos valiam mais. Nesses dias, a Alemanha mostrou suas duas faces: a de vencedor impetuoso e a de intimidado perplexo. Pode-se chamá-los, tranquilamente, de patifes, pois o problema reside no fato de que boa parte desses patifes não temeu os perigos da guerra, apenas para parecer heróis. Esse é o motivo pelo qual se conclui que a auréola de santidade que eles estão perdendo jamais fora santa e que o homem contemporâneo é menos independente do que ele imagina; a solidez só é possível em grupo. Ambas as conclusões estão de acordo com o nacional-socialismo. Nenhuma falsa mitologia, porém, é admissível: não foi o ontem que capitulou covardemente e que agora venceu, mas as pessoas que continuam a viver e a executar, na nova mentalidade, as mesmas tarefas que a antiga não subjulgou.

II

Um intelectual (no sentido profissional do termo, alguém que vive do pensamento, como um padre ou pastor que vive de sua igreja), ao observar a revolucionária renovação do espírito alemão, como testemunha e participante, baseado no direito natural de autopreservação, distingue duas tendências nesse movimento e em sua liderança. A primeira deseja, depois da tomada do poder, utilizar o espírito para construir seu discurso; promete uma idade de ouro, se for escolhida, e entrevê o direito de participação nas decisões. Essa tendência o conforta e ganha sua simpatia. A segunda, ao contrário, o intimida e o faz temer, porque argumenta que o método revolucionário, por enquanto, segue ilimitado e que o intelectual deverá fazer também parte do processo, já que a nova política traz um novo espírito e não haverá mais espaço para o antigo, que se jogará voluntariamente ao fogo para se transformar em cinzas ou se sublimar. Ambas as tendências se fazem realmente presentes no processo de transformação social atual, sem que se deixem separar substancialmente, inclusive em seus efeitos. Uma parte daqueles que até ontem carregaram o fardo e a dignidade do espírito fraqueja; a maioria dos que estão no interior foi sufocada pelos últimos acontecimentos, mas aqui e ali se levantam vozes de novos convertidos, que em maior ou menor escala de entusiasmo alegram-se em ter encontrado o "bom" caminho, ainda que tardiamente. Falo mais especificamente do espírito do belo, a arte. Entretanto, surpreendentemente, o mesmo efeito ligado a essa revolução é observado em outras áreas do pensamento, ainda que externadas de maneira distinta.

O intelectual não teve nenhuma ocasião, ou não a utilizou, a tempo, para se familiarizar com o novo espírito; consequentemente surgiram dificuldades para ambas as partes, sobretudo para os intelectuais. Foram acusados de dormirem, enquanto os outros despertavam; e isso eles não compreendem, justamente porque sonolência e desatenção não figuram entre os muitos erros do pós-guerra e dos últimos dez anos. Pelo contrário, esteve-se excessivamente acessível, de prontidão, maleável, muito preocupado em não deixar faltar nada, e precisamente porque a vida pública perdera caráter e profundidade, não era fácil se opor a nada. Pode-se aceitar, contudo, que o intelectual, para seu azar, não viu com olhos despertos; não se deu conta das coisas que teriam extrema importância no futuro, coisas que pareciam restritas a uma parcela mínima da sociedade e que não deveriam causar maior preocupação. A principal delas é o antissemitismo. Eles dizem, curto e grosso, nós, intelectuais, sofremos tantas influências judaizantes, que nem sabemos mais filtrar o que é judaísmo ou não. Dou como fato consumado, sabido – pois não posso conhecer os problemas inerentes a esses grupos –, mas eu me pergunto como chegaram a tal conclusão? Se contarmos os intelectuais, deixando de lado os artistas e outros intelectuais que não dão a mínima para as circunstâncias atuais, independente de serem ou não meus amigos, encontro aproximadamente três vezes mais "arianos" que "não arianos". Elenco os indubitavelmente subestimados e os superestimados e os encontro dos dois lados. Comparo as listas e vejo que na indústria literária há, entre os dramaturgos, uma predominância de judeus, mas entre os romancistas, que inconscientemente pertencem à hipócrita, corrupta e gigantesca indústria do lucro, existe quase completa exclusividade de arianos.

Verdade que nós arianos nos situamos tanto do lado do sucesso como do insucesso, não se levando em conta aqui se na transição para a entrada na cena literária existe o predomínio ou não da combinação entre o aspecto comercial e as aspirações literárias; é sabido que tal fenômeno de transição foi injustamente generalizado. Divisão semelhante a dos autores encontra-se entre os editores, separados entre ativos e inativos. Embora tenham defendido obras inferiores, tiveram o instinto e a coragem de praticamente sozinhos bancarem grandes obras. Quem, então, estava filtrando? Estavam corrompidas as fontes que nos formaram? Goethe, Nietzsche, Novalis, Hölderlin, Büchner, Keller, Stifter, Hebbel, D'Annunzio, Flaubert, Stendhal, Balzac, Dickens, Thackeray, Sterne, Swinburne, Verlaine, Baudelaire, Hamsun, Ibsen, Garborg, Jacobsen, Brandes, Dostoiévski, Tolstói, Gogol; esses velhinhos ainda contam muito mais que muitos novinhos de hoje. Mas resta ainda um último grupo, possivelmente causa de injúria intelectual: a crítica e o jornal. Gente que desaparece quando colocada contra a parede. Resenhas literárias, na maioria dos casos, cheias de verborragias elogiosas escritas por compadres ou por iniciantes satisfeitos com qualquer vintém; a crítica teatral vai tão mal que, mesmo numa metrópole como Berlim, oitenta por cento dos críticos são completamente ignorantes, com quase nenhum senso de responsabilidade artística; a atenção dada não traz nenhum risco, apenas salienta superficialmente algum valor. Esse tipo de entretenimento envenena realmente o povo. Quem não se alegraria com mudanças inexoráveis nessa área? Manobras da opinião pública e a industrialização do espírito (difundida pelos filmes e pelo rádio) podem verdadeiramente pavimentar um reforma completa. Deve-se dizer a verdade não apenas por honrá-la, mas pelo intuito de que ela prevaleça, e isso se dá por meio de duas observações: a primeira é que, embora se verifiquem erros mais aparentes na grande imprensa liberal, eles são ainda piores na pequena imprensa de província e naquela ligada a partidos; ela é silenciosa e mal-intencionada, enquanto na imprensa das grandes cidades perpetra a irrequietação; a segunda é que no setor de arte e cultura dessas empresas existem pessoas que, aqui e ali, lutaram para manter sua independência e que fizeram mais do que estava a seu alcance, tornando mais habitável o inferno da vida pública; e quando me lembro dessas pessoas vem-me à cabeça, devo confessar, que entre elas havia muitos judeus. Não digo isso baseado em nenhuma teoria, mas na experiência pessoal de 25 anos de literatura alemã e, além disso, o entusiasmo e a aptidão de uma personalidade para tal tarefa não se encontra todos os dias e muito menos nasce espontaneamente, como os galhos que despontam de uma árvore repleta de feridas no troco.

É uma obrigação ter a decência de externar o que se vivenciou; talvez, entretanto, eu me esquivasse nesse momento em que tudo que se diz é presumido como partidário, se não estivesse convencido de que o antissemitismo não é apenas parte casual do programa do Movimento, mas sua própria força, com diversas consequências; e se eu não temesse que a força de renovação do Movimento se virasse contra os comunistas, em vez do verdadeiro inimigo. Devo ir além, assemelhando-me assim ao intelectual que hoje, com seu pensamento humanista, parece pertencer e ser ainda mais identificado com o passado, e explicar que o real motivo por ele não ver o que estava acontecendo é o caráter críptico peculiar do espírito que preparou essa revolução. A Revolução Francesa fora prevista por escritores célebres, mas não foi ela quem os fez famosos; discussões entre a aristocracia e a burguesia abriram o caminho para as novas ideias. O ano de 1848 foi um marco na luta entre os que estavam a favor ou contra a revolução. Também o marxismo, muito antes da revolução marxista, produziu uma literatura, que, embora contivesse muita parcialidade, se é obrigado a levá-la em consideração. É um erro, contudo, creditar as fontes dessa terceira revolução alemã exclusivamente à tradição intelectual alemã. Nela se encontra apenas uma parte, já que o leite não jorra espontaneamente da pedra, mas se acumula de uma ordenha diversificada. Não se pode colocar, na melhor das hipóteses, *Fundamentos do século xix*, de Chamberlain, ou *Rembrandt alemão*, de Langbehn, como contrarrevolucionários, ou considerá-los responsáveis pela decadência de uma época; isso seria supervalorizar obras de pouco valor.

O destino da Alemanha depende do equilíbrio entre espírito e política. É possível, de repente, uma transvaloração? A experiência histórica diz que não.

Nada é mais perigoso do que a mitologização dos acontecimentos. Transvaloração de todos os valores, o nascimento de um novo tempo (ou, como se diz por aí, o rebento), uma nova raça, a sentença da história, o espírito está purificado, o povo conduzirá e coisas semelhantes não passam de uma perigosa mitologização.

Uma espécie de teoria da catástrofe, surgida da noite para o dia, subjaz os acontecimentos; ideias geológicas com vinte anos de existência, baseadas em argumentos como: não sabemos nada sobre como os mamíferos e a flora evoluíram dos insetos e, desse modo, é provável que a causa tenha sido algo mágico e mesmo abrupto; consequentemente tudo de grandioso na terra ocorre de uma mágica repentina. Contra tal argumento pode-se apenas dizer que dessa vez não foi assim, porque estávamos de olho.

Transvaloração da visão de mundo nasce de uma mudança gradual ou de uma pressão coercitiva acelerada; normalmente as duas atuando ao mesmo tempo. Deve-se apenas perguntar como alguém muda sua visão de mundo; mesmo na coletividade, cada cabeça é uma sentença, cabeça coletiva só existe na mitologia; essa observação é fundamental para qualquer abordagem coletivista, coisa que ninguém deu a devida atenção até o momento.

A analogia entre vida individual e coletividade é bastante ampla. Pensamento, sentimento e vontade do todo nascem da parte, da disposição e do processo que atuam na alma, disposição e processo que analogamente são do todo, de maneira que parte e todo sejam uma única e mesma coisa. Seu objetivo, de um lado, é manter o indivíduo e a coletividade em acordo com a realidade, expressada na lógica e nos parâmetros de pesquisa, que só representam a percepção coletiva e seu tratamento do objeto; de outro lado, está a relação das ideias com os afetos, que se espelham, mas que também devem guiar e levar a uma poderosa união, assimilada externa e internamente, além de dever ser criativa. Essa descrição resumida e apressada é o suficiente para deflagrar, de outra maneira, alguns dos problemas que nos afligem hoje.

A consequência do afeto é o seguinte: joga fora o que não serve, guarda o que serve. Para manter a formação das ideias firme e unida. Unidade no sentido de não dar voz à oposição. A grande unanimidade social.

Vontade como vontade superior (caso contrário seria resultado do afeto): a partir das diferentes atitudes com relação ao afeto, através da experiência e do tratamento do objeto.

A chamada revolução do espírito alemão não é um fato em curso, uma ação, um acontecimento ou um evento. É um ato da vontade.

Fato é somente o afeto e seus efeitos sugestivos.

Fato é o afeto direto nascido da vontade, fruto de uma ideologia "nascida às pressas" – como se pode dizer, já que é baseada em apenas um homem; na política não é diferente. O homem de ação não nasce do estudo, mas de um balaio de ideias precárias e falsas, que o faz entrar no campo de batalha. É o que se vê hoje, uma vez que ninguém mais é apto o bastante para unir conhecimento e capacidade. Como vão as coisas, o significado de cada decisão política depende da franqueza dos outros e da própria capacidade de aprendizado. Quem tem vontade lutou, venceu, foi vencido e sabe que nada acontece como anteriormente planejado.

A vontade de um espírito enfermo não se adapta, a vontade de um homem vigoroso se adapta não somente a sua tática de resistência (às circunstâncias), mas, muitas vezes, a seu espírito. (Meta operativa?) Isso não o torna pálido nem rato de biblioteca; seria mais uma vez um erro lhe atribuir funções que não são suas, querem fazer, de um homem de Estado, um filósofo de Estado. Sobretudo o homem de Estado moderno que deve lidar magistralmente com meios perigosos e sugestões cruéis e, ao mesmo tempo, ter a capacidade de se deixar influenciar pelos bons conselhos que porventura receber depois da vitória.

De maneira semelhante, deve-se separar, com a vontade que tomou conta do poder na Alemanha, a força do sentimento da roupagem intelectual. O afeto motor é direcionado para a força, a unidade e a grandeza; quer trazer sentido e vontade para a vida alemã, e é um feixe de afetos de disposição geral de caráter, com uma feição pessoal. Esse afeto surgiu como uma reação a dada situação, a impotência nacional desde a guerra, com o intuito de substituí-la. As ideias associadas àquela situação devem também formar necessariamente a primeira ofensiva para suplantá-la: as ideias de democracia, internacionalidade, o progresso da objetividade etc.; em outras palavras, a tradição cultural europeia, que tentou (insuficientemente) instalar-se na República de Weimar. O certo, provavelmente, era direcionar esse ódio para a falta de persistência em sua instalação, mas é tal a estreiteza psicológica, que se confundiu o objeto com sua representação. Quais ideias, porém, estão sendo substituídas por outras? Elas têm uma unidade admirável, o que empresta grande força ao afeto do pensamento como um todo, mas seu valor intelectual será contestado por aqueles habituados ao bom senso e à razão; não pelo fato de essas ideias serem novas e incompreensíveis, mas, pelo contrário, por serem uma compilação de ideias conhecidas até demais. O afeto é propriamente um compilador.

Quem enxerga tem a obrigação de dizer que o futuro do movimento e o futuro da Alemanha estão ilimitavelmente enlaçados. A teoria das raças, sua base fundamental, não está fundamentada em pesquisas empíricas (biologia), mas em observações sobre a vida e a moral, politicamente impregnadas *a priori*. Para a pesquisa, o conceito de raça é extremamente problemático, nebuloso mesmo hoje, porém, para a "renovação" do Movimento é um dogma e um axioma. Para eles, o culto do "solo" é portador de cultura. Há uma relação romântica com o passado. Ideias como a de que o catolicismo fora o baluarte da reação contra os, então, perigosos liberais. Há também, entretanto, convicções anticatólicas. De grande importância é a antipatia mais que natural contra a difusão, em detrimento da necessidade espontânea de sentimento, da propagação superficial do conhecimento, que se tornou desordenada hoje, e o homem, desagregado ou fraco; ela impele a simplicidade por toda parte. Há muita coisa saudável e muita coisa certa nessa simplicidade. Até ontem, contudo, havia uma parcela de "intelectualismo" nessa ideia, ou seja, uma palavra, aqui e ali uma afirmação que formou uma atmosfera demasiado úmida em um solo demasiado seco. E o método que deveria purificar e condensar esse elemento é tão aproximativo que poderia fundar uma visão de mundo baseada tanto na inferioridade feminina como na beleza das estrelas.

É difícil imaginar que alguém deixe o barco no momento do triunfo de uma concepção de mundo, sobretudo quando o triunfo pessoal depende dela e quando já se conseguiu atrair um número considerável de seguidores. Um político celebrado por metade da Alemanha e disposto a converter a outra metade para sua visão de mundo deve saber diferenciar entre seu poder de liderança e sua visão de mundo? Deve compreender que as ideias veiculadas pela propaganda provocam danos, uma vez estabelecido no poder, e que deve estar preparado a fazer se reconhecer como legítimo um conjunto deformado do espírito alemão; justamente ele, que usou de expedientes semelhantes para chegar a esse poder? Ele negaria, preferindo considerar o espírito uma ficção soberba e borrada, e, de fato, tem muito a ver.

O que é, afinal, o "espírito"? Sempre se teve uma compreensão muito vaga sobre isso. O mais elevado é tido como tolo; o medíocre, constantemente, como relevante. É que o espírito não tem carta de identidade. De fato, questões que deveriam parecer simples pertencem às mais complicadas, como um livro malicioso que pode ser benigno e um benigno, malicioso.

Aplica-se aqui, mais uma vez, uma analogia para uma psique individual.

A afirmação de que tudo é política é tão falsa quanto a de dizer que nada é política, o espírito não pode se abster de política. A verdade leva facilmente à

inumanidade: isso é muito importante para o nacional-
-socialismo.

TROCA DE PAPÉIS

Pode acontecer uma renovação da nação sem poetas, sem filósofos, sem intelectuais, sem artistas? É possível formar um novo espírito sem a parte principal? Não dá para esconder que quase todos aqueles que até ontem defendiam as maravilhas e a importância do espírito agora são, em parte, inimigos, em parte, desconfiados, em parte, observadores. As exceções não contam, sobretudo quando se leva em consideração as tentações e as ameaças. Eles não compreendem a época em que vivem ou é a época que não os compreendem? Em geral, prevalece o silêncio na intelectualidade da Alemanha, enquanto a política (e não apenas ela) assegura que foi realizada a renovação do espírito (que será ainda realizada completamente, mas que uma enorme parte do trabalho já foi feita, mesmo antes de erguidos os muros sobre os fundamentos do novo edifício do Estado). Na verdade, muitos intelectuais estão à espreita das transformações políticas que os possam mais uma vez beneficiar. Constata-se uma notável troca de papéis (e essa revolução já cavou seu lugar não apenas na história política, mas também na história do pensamento).

A DEPENDÊNCIA DO ESPÍRITO
Corrigir:
Uma ideia vence. Imaginemos algo, direi, experimental:

Existem duas tendências na liderança do movimento, ainda que estejam intimamente unidas: uma é conservadora, a outra, revolucionária; a primeira, depois de tomado o poder, quer persuadir com a participação do espírito; o que faz a segunda reagir: se vocês não querem a si mesmos, vocês abdicaram. E, se você não quiser ser meu irmão, vou acabar com você. Ambos os exemplos são facilmente detectáveis na história. O espírito deixa-se influenciar pela política, deixa-se inclusive aniquilar e ser criado por ela: não dá para negar, aliás, negá-lo demonstraria não conhecê-lo; isso também se deve saber para fazer política sem perdas, mas o espírito é tenaz e incorrigível, toma atalhos e faz enormes desvios para voltar a seu passado.

A queima da Biblioteca de Alexandria e a destruição das esculturas gregas são casos exemplares de como se pode harmonizar o espírito com o desenvolvimento público geral. Em sua etapa mais aguda, o espírito dependia de organização, como bibliotecas e escolas; e as pessoas que faziam parte delas estavam sujeitas à benevolência e à aceitação do público. A mudança da vontade de uma época (resumidamente falando) é o suficiente para varrer tudo. Uma criança do espírito: diferente de seus pais. Notável patologia e uma profunda expressão no rosto. Crescida mil anos depois, essa criança teria dado muito mais e saberia muito mais que o pai.

Se quisermos evitar esse "arrependimento do século", não apenas para nós contemporâneos, e o passado está cheio de exemplos assim, temos que nos explicar, talvez sofrivelmente, como o espírito explica a si mesmo sua dependência às leis que o circunda. De modo semelhante, ainda que com um olhar pessoal, uma excelente comparação é a relação entre o espírito e o corpo. Pensamento, sentimento e vontade da nação são constituídos coletivamente por indivíduos. A relação do espírito com seu corpo: dependente com relação às disposições e aos sentimentos, em parte nem sempre conscientes. Pode influenciá-los, entretanto. As tendências do espírito são dependentes do corpo (corpo indolente, espírito vivo). / A experiência do espírito, seu tornar-se a partir da experiência, é, em grande medida, independente.

Até aqui tenho considerado o sentido de realidade como o mais desenvolvido na Alemanha de hoje. Ele é também incrivelmente romântico. A divisão: entendimento e percepção – instinto e sentimento. Entre eles, manuseio e experiência, com todos entrelaçados. Isso se repete no macrocosmo.

A considerar, o que prefiro chamar de afeto é já também espírito, espírito sectário, bem entendido.

Em um Estado em situação revolucionária prepondera o instinto e o sentimento. Sabemos, pela vida privada, de quantos excessos eles são capazes. Quando o todo tem uma base de disposição homogênea e favorável, as inibições enfraquecidas se somam com a mesma brutalidade. Desfilam manias, delírios, obsessões. Comunidades insanas de indivíduos saudáveis. Receita para a cura: desilusão através da dor e absorção dos afetos através de uma nova estatística ideológica.

Como as revoluções se tornam estáveis do ponto de vista psicológico? As resistências mudam o programa. Muito frequentemente, elas aguçam o programa. Sempre acabam mudando alguma coisa. Alguns instintos são obstruídos; outros alimentados, protegidos. O terreno se divide. Também no campo da resistência. No fim, prevalece o caráter de construção ou o de compromisso.

De ambos os lados, no fim das contas, predominam os grandes interesses. Resumindo: a revolução se inicia com o objetivo de mudar o ser humano e termina praticamente sem mudá-lo.

E, de repente, depois de visto tudo isso, somos impedidos de sonhar.

A política determina o espírito da lei: isso é novo. Transvaloração. Sossego na corte.

Tudo de repente? Moderação.

É preciso uma central de valores? Espírito. Homens de todas as origens = sentimento arcaico (filosofia do iluminismo).

Ou se admite que os judeus tenham parte prestigiosa no pensamento alemão, ou, então, se diz que é a corrupção dos pés à cabeça.

Sua fonte inspiradora.

A preferência é que se devem ver as coisas sob a perspectiva pós-1914.

Estabelecer a relação com a repressão de uma época que se superestima.

As influências da revolução... seu movimento e liderança...

As duas tendências parecem ser a mesma, de modo que a política deve adaptar-se aos objetivos dos direitos e dos deveres. Correspondem também aos efeitos.

Mais demissões, rejeições.

Hitler está preocupado com o futuro da Alemanha? Claro que não. Está desesperado. É um grande erro achar que ele seja apenas um agitador; ele é o principal objeto de culto. Nós tememos pela renovação do Movimento... besta... inimigo – mas toda tentativa de alerta é menosprezada, tachada de influência judaizante.

Hoje, talvez tenhamos de nos dedicar apenas ao trivial e testemunhar somente coisas sem interesse:

A representação. Coisas intermináveis a fazer. Mas nada fáceis.

É preciso dizer que o Movimento não é intelectual, mas de origem misturada. Muito resumido.

Também que ele contém tudo que pode ser considerado mau.

Não se trata de diferenciar os escritores entre direita e esquerda.

Todas essas questões levam a uma relação melindrosa entre o espírito e a política; a política é, nesse caso, um instrumento da vontade e sua aplicação. O espírito não possui tal identificação. É uma somatória frouxa, não é, de maneira nenhuma, uma integração (compenetração) transparente do mais elevado ao mais rasteiro. Nas ciências mais puras e insensíveis conta pouco o critério de verdade, mas mesmo elas, entretanto, deixam-se levar pela repreensão (Rússia). No campo da estética, questões relacionadas aos sentimentos, como a vileza evidente, são teoricamente muito difíceis de responder. Quero tentar colocar no papel algumas notas sobre a relação entre o espírito e os fatos recentes. /O futuro depende da compreensão do espírito através da política. /Hoje tudo se coloca em questão: objetividade, pragmatismo, autonomia...

Sempre fui contra o ativismo, no sentido da intervenção direta do espírito na política e no estilo de vida. Além, claro, do ativismo intelectual. Por criticar seus objetivos e possibilidades. Nem tudo vale para todo mundo. Não se escreve com os pés; ninguém fica de pé com as mãos. Minha visão política é mediana. Atualmente, contra minhas opiniões, não está apenas uma parte da intelectualidade, mas também os políticos. A política tem o primado.

Como isso é possível? Como essas ideias afetam a política? Em grande parte, pelo espírito. O espírito tem a ideia de liberdade, de humanidade... tem também a ideia de crueldade, de luta... a política se apropriou delas, as transformou, as alienou. Isso é autonomia.

O espírito tem leis rigorosas.

Quando ele é ambíguo (mórbido), ele é inequívoco na ambiguidade (eu me esforcei para tentar explicar).

Ofensa mata.

Não deixar de lado a dependência contrária. O exemplo atual.

Por último, vem a relação entre afeto e espírito. O afeto, que se formou com o espírito, e entra em contato com os maiores entre eles.

Troca de papéis.

Falar do desafio e da obrigação. Praticar a crítica. Sinto-me a pessoa mais apropriada para isso. Sinto que é minha obrigação. Calar-se por mais tempo seria fonte de mal-entendidos.

Ou, e: não tomo nenhum mandato para mim, mas pode ser útil expressar algumas impressões por mais simples que sejam. /Mandato: nunca fui o porta-voz de ninguém, mas certas impressões são notória e totalmente partilhadas.

Talvez se deva ser o primeiro a externar ampla e desmedidamente o assombro.

Expor abertamente nossa situação lastimável.

Não concordo com aqueles que dizem que sempre ocorreram coisas semelhantes, posso sinceramente imaginar...

Eles trazem um caos completo ao Movimento com suas divergências e as outras são ainda mais importantes...

Se vivêssemos na época da Revolução Francesa, teríamos conhecido Rousseau, e uma parte de nós o apreciaria, outra parte o consideraria supervalorizado. Teríamos já aprendido com Galiani e outros o que se estava cozinhando. Teríamos experimentado a filosofia da emancipação. Vivido a revolução marxista, seu sucesso e seu fracasso parciais. Aqueles que entre nós, aos quais me incluo, negaram a visão materialista da história como parcial e, portanto, equivocada certamente também aprenderam com ela. Entretanto, temos pouco contato com as ideias culturais de 1933, sejam as negativas, sejam as positivas. Esse é o ponto central da questão.

Perdemos o trem da história?

Não. Esse não figura entre os muitos erros que cometemos no pós-guerra. Pelo contrário: adaptou-se jornalisticamente e, de maneira correta, buscou coisas novas. Talvez o espírito não tenha caráter, mas sempre foi muito curioso.

Para mim, a chance de ter dormido no ponto não se aplica em meu caso, em hipótese alguma. Não. Foi com olhos bem abertos que não vimos absolutamente nada.

Outra coisa: estávamos tão judaizados, que não podíamos ver nada.

Hoje é preciso tomar cuidado com tal afirmação: ao Estado o que pertence ao Estado. Vamos supor como verdadeira a ideia de que somos controlados pelos judeus. De fato, essa afirmação é primordial. O que isso quer dizer?

Estávamos cercados por intermediários (jornais, articulistas, editores, amigos) que filtravam tudo de maneira judaizante. A grande parte de nós não era judeu.

Vejamos as coisas mais de perto:

Editores: até o momento acreditamos que um há círculo limitado bem restrito de editores, ativos ou não, se eu elencasse sem nomear (Fischer, judeu; Insel, ariano; dva, ariano: Rowolht, Ernst e Paul Cassirer, judeus; Diederichs, ariano; Kiepenhauer, ariano; G. Müller, ariano; msp, ariano) há mais arianos que judeus.

Jornais: acreditávamos ver excrescências do capitalismo. O espírito da indústria do gosto (como na cinematografia) aliado à máquina de fazer dinheiro dos judeus. Uma depreciação associada a sua antiga ligação com os liberais. Queríamos uma reforma dos pés à cabeça. Fizemos vista grossa com o fato de que ocorria a mesma coisa com os arianos nas províncias. Eles fomentavam a indústria midiática (matrizes de impressão, folhetins, correspondentes).

Entusiasmo.

Província e cidade grande.

Estão também nessa área os artistas, que tentam preservar sua independência o quanto podem e fazem do inferno um lugar habitável; se contar de cabeça, encontro um numero considerável de judeus.

Chama-se isso de protesto de judeus contra judeus. Para tanto, a pessoa tem de ter quatro avós judeus.

Pergunto-me, de onde vem a formação de nosso espírito? Goethe, Nietzsche, Novalis, Hölderlin, Büchner, Keller, D'Annunzio, Flaubert, Stendhal, Balzac, Thackeray, Sterne, Hamsun, Ibsen, Garborg, Jacobsen? Brandes. Dostoiévski, Tolstói, Gogol...: não tem nenhum judeu.

As relações deles com a atualidade.

Os de hoje, geração anterior, chegados a partir de 1900: Thomas Mann, Henrich Mann, Hofmannsthal, Schnitzler, Altenberg, Kraus, Hauptmann, Stehr, Wassermann, Hesse, Rilke, George, Roth, Döblin, Musil, Flake, Benn, Borchardt, Werfen, para o bem ou para o mal, o *crème de la crème*.

Filosofia: nossa formação.

Kant e Leibniz. Espinosa não.

Bergson – românticos alemães.

Husserl.

Mas não somos muito fenomenologistas.

Freud.

Cassirer.

É difícil ver em que sentido se pode dizer que somos judaizados. Nenhuma definição de judaísmo me diz respeito. Como é que não se viu isso antes? Porque não havia nada... para nós /porque essa revolução surgiu de maneira muito peculiar, de um espírito sectário, não de um espírito geral, como é o caso, aliás, da revolução marxista.

Além disso, para mim é uma obrigação moral...

Pois as coisas não vão como faz crer a revolução e, em parte, também como nós mesmos a vemos.

Em grande parte também, as dificuldades do espírito em se opor.

Corrigir: ... tão pouco quanto... judaizante, como dormido...

Gostaria de dar um exemplo aqui de Schlegel. Percebe-se muito pouco o que está acontecendo.

A existência anterior à influência judaica /e, aliás, o seu sistema /

Como sempre... despedida. As coisas são outras.

Por que não se viu nada?

Embaraços. Tarefa realizada.

Estou tão pouco preparado para escrever sobre isso como todos os outros. É somente uma culpa compulsória que incomoda.

Chamberlain. Espirituoso e insustentável.

O Rembrandt alemão. Ambos protegidos pelo sistema.

Jünger, Blüher o mesmo caso.

Todos integrantes da indefinida mistura atual. Até ontem, integrantes do intelectualismo.

O que se mostrou até hoje tem pouco valor.

Melhor comparar com a inferioridade feminina.

Astrologia.

Junto como o Movimento livra-nos de Roma também o antissemitismo anticlerical.

Para tanto, levantar a literatura apócrifa.

Lamento não conhecê-la o suficiente para traçar seu percurso histórico, mas o que escrevo tem um caráter explicativo e *conciliatório*, uma espécie de confissão de algumas impressões; através dela, partindo do particular, pode-se chegar ao universal, não se deixando, contudo, de prestar atenção na metodologia dos critérios. Muitas partes misturadas:

Típica literatura sectária. Diligente, erudito e paranoico. Sentir sem dar-se conta de nada.

Também outros motivos, como a substituição do real. Reações religiosas dos liberais, da maçonaria. Versão do antissemitismo popular, como reação à emancipação. Pensamento popular associado à política. Acentuação da ideia de raça, a grandiosidade do passado, o romantismo de uma parte do povo: o romantismo histórico de Wagner.

Etnologia, teoria de raça – sem base em pesquisa empírica, mas baseada em princípios morais. A teoria da raça não é apenas política, mas também biológica. Situação atual: o conceito de raça como algo altamente incerto cientificamente, postulações muito mais políticas e sectárias.

Fala-se que o motivo é a repressão do Movimento durante décadas. Mas poderia ser diferente?

Literatura: não se deve esquecer que o período de hegemonia liberal na Alemanha foi pouco produtivo. Nietzsche foi seu antípoda. Hebbel?

Literatura popular.

A mudança vem de fora, mas cresce fortemente dentro.

O socialismo tinha certa força entre os jovens. Concebido popularmente, representado por Hauptmann. Literatura popular sempre se mantém viva. Numericamente, do ponto de vista da influência, permanece, no mínimo, no mesmo nível das demais.

Ganha espaço em períodos de exaustão. Movimento nacionalista com fontes pedagógicas e também políticas.

A alta literatura não se impôs, não se tornou modelo. Claramente, não. As relações não foram como deveriam ter sido.

Infantilidade do kitsch. Os poetas continuam arando o solo, em parte com razão, em parte sem, tanto isoladamente como em conjunto. De um lado o asfalto, de outro a gleba.

Pode-se descrever: o asfalto degenera uma boa tradição literária. A gleba é uma falsa tradição literária com boa vontade.

Vê-se facilmente que não se pode aproveitar da rivalidade entre eles.

Tiram-se duas conclusões: o primado da moral. Indubitavelmente satisfatório. Na aparência da vida deve existir um sentido, uma vontade. Adotar o livre mercado, que sempre é a carência de algo melhor, para aprimorá-lo. O indivíduo deve aprender a ter responsabilidade nacional, esperando que a nação tenha também responsabilidade com o indivíduo.

A ligação estreita desse ímpeto radioso com o indivíduo sectário. Já vimos o bastante de antissemitismo; no momento assistimos à purificação cultural. Ela associa-se à desatenção da produtividade ativa intelectual e à superestimação da baixa produtividade associação-associado.

Dizem que isso são limitações, exuberâncias, histórias pra boi dormir.

Se eu conheço bem sua pré-história, isso é falso. O

Movimento tem duas possibilidades: perde-se a fé nele. Acertam-se compromissos. Compromissos são mudanças ditadas por outros.

Mudar a fé ou destruir o espírito alemão. Essa é uma mudança de própria vontade e conhecimento. Um general não adapta apenas suas táticas conforme as circunstâncias, mas também segundo os objetivos de suas operações.

Algumas questões associadas a esse tema:

Falei, até agora, de "nós intelectuais, de espírito e de outras coisas"; não tem nada a ver com a opinião que tenho sobre mim mesmo. Mas a pergunta é inevitável: existe algum espírito alheio à política e a seu grupo atuante (política cultural)?

As objeções são óbvias: o espírito é também o reino dos gurus. E cheira internacionalismo, quando na verdade só pode ser conquistado pelo sangue e pela solidariedade popular.

Não sou nenhum guru. Sou da oposição. Por isso, quero tentar traçar esse conceito desde seus princípios: unicidade da lei,... suas bases, o que se salienta.

Em uma nação (no caso da literatura: unidade linguística), existe um pensamento, um sentimento, uma vontade, um jeito particular de lidar com as coisas que constituem juntos uma unidade.

De certo modo, longa e historicamente reconhecida.

A comparação com a psique pessoal não é, de maneira nenhuma, uma metáfora.

A controvérsia intelectual reproduz-se de modo semelhante tanto no todo como no particular, somando-se ainda a influência das instituições, que a promove, mas que também a falseia.

O êxito das manipulações produz o envenenamento das disposições.

O sentimento e a vontade, a afetividade, determinam diretamente o pensamento do indivíduo e, no todo, atuam principalmente como sugestão.

O possível enfraquecimento da afetividade é a ciência.

A possível compreensão da afetividade é a poesia.

Uma palavra muito particular é a verdade. Ela

não pode ser relativa, o que não serve para ninguém, no máximo para os liberais. Ela deve ser também o veículo (não subjetivo) de disposição e de tendência do espírito. Isso só é possível através da vitória sobre o mundo exterior, com grande comprovação dos fatos.

Não apenas através da conquista do povo, mas da realidade.

Aqui há um erro. Um deslize romântico.

Existe tanto pouca geometria nacional quanto proletariado.

A poesia deve ser nacional? Serve igualmente para a poesia composta a partir da verdade humana, que é muito mais que nacional. Sobre isso [?] posteriormente. Antes:

Quando estão unidos sentimento e vontade, a poesia tem caráter. Não quando o sentimento é falso.

Ela tem espírito quando esse caráter *sem prejuízo...* ajusta-se continuamente ao novo conhecimento, à nova forma de vida.

O espírito é um processo contínuo, caráter de massa, complexo etc.

O espírito possui também outro freio: a tradição. O espírito não se transforma quando muda a vontade. E a arte não é somente o espírito. Ela é também uma reação individual. Ela depende da convenção social.

Isso não é uma definição. É um tema para a vida toda. Apenas uma proposição aproximada que deixo desse jeito por enquanto.

Ela se mostra quão frágil é.

O que está por vir?

Paradoxo: desconsiderar a capacidade.

Em oposição à ciência, desconsiderar a ciência.

Típico uso do afeto.

Mais sobre o Movimento: não dá para imaginar o quem vem por aí.

Mais sobre o Movimento: a covardia e a falta de caráter geral. Em todas as instâncias.

O atleta e o clérigo. As mesmas pessoas, os mais valentes que possam ser. Ninguém fala que as pessoas devem ser "engaioladas". A moral. A integridade do espírito. Não muda, nem mesmo destruído. Exemplos são os bolcheviques e os fascistas.

A visão de mundo do espírito como uma falsa moderação do espírito. O conceito de humanismo, de liberdade, de internacionalidade e outros nessa direção.

O espírito indutivo do *habitus* (utilização do elemento dedutivo).

O que pode ser feito na literatura (resenhas acadêmicas, fomento).

Nem tanto preocupado em responder o que é o espírito, mas qual sua relação com o que acontece no todo. Da mesma forma com o indivíduo. Sua tarefa atual em relação, por exemplo, com as ações e o desenvolvimento em curso.

Quão difícil seria como ditador de cultura.

Necessário traçar o caráter, mas só possível compará-lo ao espírito.

O princípio motor e artístico do povo.

Quem é dotado de razão torna-se não sentimental; quem sente violentamente perde a razão.

No chão há muito tempo. Folhas do outono. A arte não se deixa comandar. Do espírito *habitus* – indução. Por outro lado, não encontrar uma solução parcial.

Deixa mudar.

Espírito é moral.

Espírito é apolítico.

Paradoxo notável e consistente: excluir os judeus de sucesso.

PRE·TEXTOS | kutchak

001. MASSIMO CACCIARI
Duplo retrato

002. MASSIMO CACCIARI
Três ícones

003. GIORGIO AGAMBEN
A Igreja e o Reino

004. A. I. DAVIDSON | E. LEVINAS | R. MUSIL
Reflexões sobre o nacional-socialismo

005. MASSIMO CACCIARI
O poder que freia

EDITORA ÂYINÉ

Praça Carlos Chagas, 49 2° andar
CEP 30170-140 Belo Horizonte
+55 (31) 32914164

www.ayine.com.br
info@ayine.com.br

DIRETOR EDITORIAL
Pedro Fonseca

COORDENAÇÃO EDITORIAL
André Bezamat

CONSELHEIRO EDITORIAL
Simone Cristoforetti

PRODUÇÃO EDITORIAL
Fabio Saldanha

PRODUÇÃO DE CONTEÚDO
Bruna Wagner

PROGETO GRÁFICO
Evelin Bignotti

TÍTULO ORIGINAL:

QUELQUES REFLEXIONS SUR LA PHILOSOPHIE DE L'HITLÉRISME
BEDENKEN EINES LANGSAMEN

©Arnold Davidson 1990
© 2016 EDITORA ÂYINÉ L.T.D.A.

ISBN 978-85-92649-16-6

fontes: **Gentium Basic | Calibri**
papel: **Arcoprint Milk 100 gr.**
impressão: **Grafiche Veneziane**